Matemáticas para empezar

Vamos a encontrar lo más corto y lo más largo

Por Amy Rauen

Consultora de lectura: Susan Nations, M.Ed.,
autora/consultora de alfabetización/consultora de desarrollo de la lectura
Consultora de matemáticas: Rhea Stewart, M.A.,
especialista en recursos curriculares de matemáticas

WEEKLY READER®
PUBLISHING

Please visit our web site at www.garethstevens.com
For a free color catalog describing our list of high-quality books,
call 1-800-542-2595 (USA) or 1-800-387-3178 (Canada). Our fax: 1-877-542-2596

Library of Congress Cataloging-in-Publication Data available upon request from publisher.

ISBN-13: 978-0-8368-8992-5 (lib. bdg.)
ISBN-10: 0-8368-8992-4 (lib. bdg.)
ISBN-13: 978-0-8368-8997-0 (softcover)
ISBN-10: 0-8368-8997-5 (softcover)

This edition first published in 2008 by
Weekly Reader® Books
An Imprint of Gareth Stevens Publishing
1 Reader's Digest Road
Pleasantville, NY 10570-7000 USA

Senior Editor: Brian Fitzgerald   Spanish edition produced by A+ Media, Inc.
Creative Director: Lisa Donovan   Editorial Director: Julio Abreu
Graphic Designer: Alexandria Davis   Chief Translator: Luis Albores
                                           Production Designer: Phillip Gill

Photo credits: cover, title page, pp. 6, 7, 8, 9, 10, 11, 12, 13 Russell Pickering;
p. 4 © Ariel Skelley/Corbis; p. 5 Abode/Beateworks/Corbis; p. 15 Weekly Reader Archives.

Printed in the United States of America

1 2 3 4 5 6 7 8 9 10 09 08 07

Nota para los maestros y padres

¡La lectura es una gran aventura para los niños jóvenes! Comienzan a asociar la palabra hablada con la palabra impresa y a aprender la direccionalidad y las convenciones de texto impreso, entre otras habilidades. Los libros que son apropiados para los lectores principiantes incorporan estas convenciones a la vez que los informan y entretienen.

Los libros de la serie de *Matemáticas para empezar* están diseñados para apoyar a los lectores jóvenes en las primeras etapas de alfabetización. A los lectores les encantará observar las fotografías e ilustraciones a todo color mientras desarrollan las habilidades en los conceptos básicos de matemáticas. Esta integración permite que los niños jóvenes aprovechen al máximo de lo que aprenden mientras ven cómo las ideas y los pensamientos se conectan a través de diferentes materias.

Además de servir como excelentes libros visuales en las escuelas, las bibliotecas, y los hogares, los libros de *Matemáticas para empezar* tienen el propósito específico de ser leídos en pequeños grupos de lectores dirigidos por el maestro. En los pequeños grupos, el maestro u otro adulto proporciona la instrucción que ayude al joven lector a mejorar su lectura. Tanto los niños como los adultos encontrarán que estos libros de apoyo son fascinantes y divertidos.

Susan Nations, M.Ed.
autora/consultora de alfabetización/consultora de lectura

Ésta es nuestra casa.
Mi familia vive aquí.

Tenemos cosas d
distintos tamaño

to más corto es rosado.

Charlie Gonzalez
200 E. Market St.
San Antonio, TX 78205

Mrs. Bertha Gonzalez
200 E. Market St.
San Antonio, TX 78205

Mr. Henry Gonzalez
200 E. Market St.
San Antonio, TX 78205

La carta más larga es azul.
Es para mi papá.

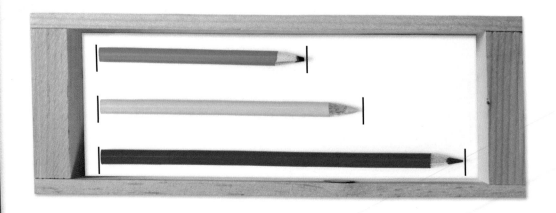

El lápiz más corto es verde.
Está en una caja.

La cuchara más larga es de madera.
Mi mamá revuelve cosas con ella.

La foto más corta es
de una flor.

El juguete rojo es el más largo.
El rojo es mi color favorito.

El paraguas más corto es azul.

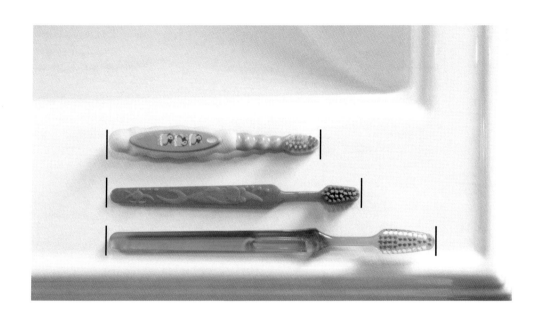

Mi cepillo de dientes está arriba.
¡Es el más corto!

Glosario

carta

más corto

más largo

cuchara

lápiz

cepillo de dientes

foto

juguete

zapato

paraguas

Muestra lo que sabes

1. ¿Cuál de las tres hojas es la más larga?

2. ¿Cuál es el más corto: el tenedor, el cuchillo o la cuchara?

15

Más información

The Best Bug Parade. Mathstart (series).
Stuart J. Murphy (HarperCollins Children's Books)

Tall and Short. Sizes (series).
Diane Nieker (Heinemann Read and Learn)

Sobre la autora

Amy Rauen es la autora de más de una docena de libros de matemáticas para niños. También diseña y escribe software educativo. Amy vive en San Diego, California con su esposo y dos gatos.